Bernd Wehrum

Mensch und Hund in Harmonie…aber wie?

Mensch und Hund in Harmonie...

...aber wie?

Gedichte und Geschichten, die über das Verhältnis zwischen Menschen und Hunden berichten

Bibliografische Informationen der Deutschen Nationalbibliothek.
Die Deutsche Nationalbibliothek verzeichnet diese Publikation in der Deutschen Nationalbibliografie; detaillierte bibliografische Daten sind im Internet über http://dnb.d-nb.de abrufbar.

Inhalt

Vorwort des Autors 9

So ist der Mensch 11

...und so ist der Hund 15

Angst vor Hunden 19

Wie kriege ich die Angst weg? 23

Auch Hunde haben Angst! 25

Im nächsten Leben werde ich Hund 27

Verhaltens ABC für Hundebesitzer: 33

Von A wie „Anspringen"

bis Z wie „Zuchthunde"

Hunde und bestimmte Personengruppen: 61

Jogger und Walker 62

Radfahrer 64

Inline Skater 70

Mountain Biker 72

Postbote 74

Nichtsesshafte 76

Der Hund in verschiedenen Rollen 79

Beschützer 80

Konsument 82

Spielgefährte 85

Staatsdiener 87

Nutztier 88

Noch etwas zum Thema Hund: 91

Treue Hundeaugen 92

Der vermenschlichte Hund 95

Hundegegner 97

Kampfhunde 98

Hund mit Stammbaum 99

Und hier spricht der Hund! 101

Ich bin nur ein Mischlingshund, na und! 104

Mein erster Schnee 107

Ein Schneeball ist auch ein Ball! 108

Sprichwörtliches: 111

Ein fauler Hund 112

Ein armer Hund sein 115

Abschied nehmen 119

Bildquellennachweis 120

Vorwort

Nachdem mich viele Bekannte, Freunde und andere Leser meines ersten humorvollen Tierbuches „Es gibt Hunde…und es gibt Terrier" darin bestärkt haben doch noch ein weiteres amüsantes Buch zu schreiben, habe ich mich zur Veröffentlichung dieses Gedichtbandes mit eigenen Gedichten entschieden.

Selbstverständlich ist dieses Buch nicht nur für Hundebesitzer geschrieben worden, sondern es wendet sich als so genannter „poetischer Ratgeber" an alle, die sich für dieses Thema interessieren.

Dieser Gedichtband beschreibt alltägliche Situationen zwischen Menschen und Hunden, und die Leser werden garantiert feststellen, dass sie die eine oder andere Situation schon selber erlebt haben…..

….und dieser Gedichtband hat inhaltlich zwei grundsätzliche Aspekte des ersten Buches übernommen, nämlich:

- nicht mit dem erhobenen Zeigefinger belehrend auf Personen zu zeigen, die aus Angst und Unsicherheit oder bewusst

etwas gegen Hunde haben oder diesen
skeptisch gegenüber stehen,

-    und unser Hund Scoby kommt an einigen
     Stellen auch wieder selber zu Wort, denn
     er hat inzwischen auch seine Liebe zur
     Gedichtsform entdeckt!

So ist der Mensch

Ein Mensch sitzt da und philosophiert
weil es ihn brennend interessiert
warum wir Menschen vom Wesen her
unterscheiden uns so sehr.
Die Einen sind dünn, die Anderen dick
gekleidet mal salopp mal modisch schick
die Einen tun gern essen oder trinken
andere im Frust versinken
wenn die Waage auf der man steht
gewichtsmäßig nach oben geht.

Manch einer der ist froher Natur
Andere sind Pessimisten pur
gar mancher liebt Geselligkeit
manche haben dafür keine Zeit
denn sie wollen in diesem Leben
ständig nur nach Höherem streben
und das Einzige was sie aufrecht hält
ist auf dem Konto sehr viel Geld.

Und bei der Einstellung zu Hunden
das stell' ich fest ganz unumwunden
sind, und das ist wahr
diese Unterschiede ebenfalls da,
die einen finden Hunde nett
und nehmen die auch mit in's Bett,
andere die sähen gerne
Hunde nur aus der Ferne.

An Hygienefreaks kommt ein Hund nur ran
wenn er besprüht mit Sagrotan,
wieder andere tun Hunde hassen
denn die denken nur an Hunderassen
die man als Kampfhunde propagiert
wobei man dabei völlig ignoriert
dass der Hund so wie er ist
nur ein Ergebnis der Erziehung ist.

Anderen ist Angst und Bang
weil sie leider vor kurz oder lang
von einem Hund wurden gebissen
und vor lauter Angst nicht wissen
wie sie sich jetzt verhalten sollen
wenn Hunde sich ihnen nähern wollen
und all diesen Menschen hier auf Erden
soll ein Hund gerecht jetzt werden
das macht, salopp jetzt ausgedrückt
den liebsten Hund bestimmt verrückt!

Wie wird man aus dem Menschen nur schlau!?

Dem Autor dem ist völlig klar
bei diesen Unterschieden die nun mal da
kann man Vorbehalte nicht ignorier'n
doch man kann's doch mal probier'n
jeweils den Anderen mit seinem Problem
aus einer anderen Sicht zu seh'n
und wenn man dann irgendwann
Vorurteile und Ängste abbauen kann
dann lässt es sich halt mal eben
gemeinsam noch viel besser leben.

......und so ist der Hund!

Seit Menschengedenken wissen wir
der Hund ist ein besonderes Tier
denn solange wie es Menschen gibt
man den Hund an seiner Seite sieht
weil der Hund an seiner Seite,
so ist das nun mal seit ewigen Zeite',
für den Mensch eine Bedeutung hat
denn so ein Hund ist in der Tat
ein treuer Begleiter und bei Gefahr
war er schon immer, das ist wahr
ein Beschützer in so manch schwieriger Lage
ein treuer Freund halt, ganz ohne Frage.

Ein Hund auch das wissen wir
kennt keine Missgunst, Neid oder Gier
er ist Herrchen und Frauchen treu ergeben
und das ein ganzes Hundeleben
doch solche Treue das ist wahr
die ist beim Menschen ziemlich rar
und manche Ehe oder Partnerschaft
ist zu schnell am Ende ihrer Kraft
denn der Mensch, guckt man mal hin
schmeißt oft zu schnell den „Bündel hin“
wenn er enttäuscht oder frustriert,
so etwas einem Hund halt nicht passiert,
außer „seine Menschen“ lassen sich trennen
dann lernt er sehr oft ein Tierheim kennen.

Doch auch von seinem Wesen her
ähnelt er dem Menschen sehr
denn als Einzelgänger durchs Leben zu geh'n
ist auch für den Hund ein Problem
denn das Eine wissen wir
ein Hund der ist ein Rudeltier
und weil man das früher schon erkannt
wurde ein Hund nicht nach draußen verbannt
denn der Hund, der war das erste Tier
das mit dem Menschen Tür an Tür
im Haus zusammen lebte und nicht im Stall,
das war bei keinem anderen Tier der Fall
und deshalb sollte man auch nie vergessen
wie unsere gemeinsame Entwicklung ist
gewesen.

Und ich hoffe Sie gestatten es mir,
denn gerade an dieser Stelle hier
möchte ganz ohne Frage
auch mein Hund noch etwas sage'
denn einem Hund, wie könnte es sein
dem fällt noch ein weiterer Unterschied ein:

„Denn es ist zum „Hundehaare raufen"
Menschen die tun nicht nur laufen
sondern schnallen sich so dann und wann
irgendwelche Geräte an
um schneller so voran zu kommen,
da schaut ein Hund dann ganz beklommen
und sieht er dann noch jemand auf einem Rad
dann denkt der Hund jetzt in der Tat:
„Der Mensch ist schon ein seltsames Tier
denn mir genügen der Pfoten vier."

Angst vor Hunden

Ich widme dieses Kapitel ganz bewusst den Menschen, die aus verschiedenen Gründen Angst vor Hunden haben und deshalb die Nähe eines Hundes mit gemischten Gefühlen bzw. überhaupt nicht ertragen können, so dass diese Menschen aufgrund ihres Verhaltens sehr oft als Hundegegner angesehen werden, obwohl dies überhaupt nicht zutrifft.

Da mir das Thema „Angst vor Hunden" aufgrund eigener persönlicher Erfahrungen sehr wichtig ist, räume ich dem Inhalt dieses Kapitels einen hohen Stellenwert ein, denn auch ich hatte seit meiner Kindheit sehr lange Angst vor großen Hunden, da ich als Kind von unserem eigenen Schäferhund fast tot gebissen wurde.

Ich kann deshalb begründete Ängste und Sorgen von Menschen gegenüber Hunden in jedem Falle nachvollziehen.

In meinem eigenen Leben hat es viele lange Jahre gedauert bis ich diese tief in mir sitzende Angst langsam überwinden konnte.

Zur Bewältigung der Angst haben mir rückblickend am meisten die Hunde von Bekannten und Freunden weitergeholfen, aber meine Ängste wurden letztendlich erst dann endgültig überwunden, als wir uns vor nunmehr ca. 25 Jahren den ersten eigenen Hund in unsere Familie holten..........

......und das haben wir bis heute nicht bereut.

Nachtrag:
Aber bei großen Schäferhunden habe ich nach wie vor immer noch ein „ungutes" Gefühl!

Ein Mensch steht da ganz regungslos
und man fragt sich was ist denn da los
was hat der Mensch für ein Problem
denn weit und breit ist nichts zu seh'n
aber vor ihm, ganz weit weg
da läuft der Grund für seinen Schreck.

Man schaut genau hin, und
dann entdeckt man einen Hund
und der Hund man kann sich's denken
tut seine Schritte eilig zu ihm lenken
denn er kann als Hund es nicht versteh'n
dass „er" der Grund für das Problem.

Der Mensch der fragt sich ganz entsetzt
warum ist der Hund jetzt zu mir gehetzt
und er denkt sich krampfhaft bloß
wie krieg' ich diesen Hund nur wieder los,
doch der Hund bleibt bei ihm steh'n
und kann den Menschen nicht versteh'n
denn der Hund, das ist doch klar
merkte nur, dass etwas nicht in Ordnung war
denn er hat ja richtig entdeckt
dass in dem Menschen Angst drin steckt
und deshalb will er jetzt ohne Witze
diesen Menschen nur beschütze'
drum bleibt er dann auch noch längere Zeit
treu an dem Menschen seiner Seit'.

Dieses Gedicht ganz ohne Frage
dient lediglich halt sozusage'
dazu einmal klar zu machen
warum Hunde gewisse Dinge machen
deren Sinn, trotz allem Intellekt
der Mensch halt leider nicht entdeckt
und allen die Hundeängste plagen
sollen diese Zeilen sagen:
„Rennt ein Hund schnell zu Euch hin
hat der meistens nichts Böses im Sinn!"

Wie kriege ich die Angst weg?

Ein Mensch der ständig Ängste kriegt
und sich fragt wie er die Angst besiegt
der steht, so muss man das seh'n
schon vor einem großen Problem
denn diesem Menschen einfach nur zu sagen
er solle sich doch einfach trauen und es wagen
einen Hund mal an sich ran zu lassen
um den dann einmal anzufassen,
diesen Rat lässt man am Besten sein
denn er scheitert von vorne herein.

Und dieses Büchlein mit Gedichten
kann beispielhaft nur kurz berichten
über Wege und Methoden
die Anderen schon Hilfe geboten
und das Wichtigste dabei ist,
dass man stets geduldig ist
denn die Angst die tief in einem steckt
die kriegt man nicht schlagartig weg.

Und meine Gedichte, auch das muss man sagen
geben keine Antwort auf alle Fragen
die bei Ängsten nun mal im Vordergrund steh'n
denn die Bewältigung von diesem Problem
die dauert halt schon ihre Zeit,
doch wenn man zur Verhaltensänderung bereit
dann ist der erste Schritt bereits getan
doch danach fängt die Arbeit erst richtig an!

Der erste Schritt ist, jetzt werden sie schauen
die Suche nach einem Hund dem sie
ein bisschen vertrauen,
den findet man zwar nicht um jeden Preis
aber am ehesten im Bekanntenkreis,
drum sollten sie öfters solche Freunde besuchen
„ausgerüstet mit leckeren Hundekuchen"
denn am Besten ist ganz ohne Hohn
mit dem Hund die gezielte Konfrontation
fachlich, das wird sie interessieren
heißt das Ganze „Desensibilisieren".

Aber trotzdem vor allen Dingen
sollte man auch hier nichts erzwingen,
und wenn man dann irgendwann
wieder ohne Angst spazieren gehen kann
und kann gelassen einem Hund entgegen seh'n
wenn der am Wegesrand tut steh'n
und die eigenen Nerven die bleiben geschont,
dann hat sich der Aufwand bestimmt gelohnt.

Auch Hunde haben Angst!

Dem ängstlichen Leser dem tu' ich jetzt kund
es gibt auch so manchen ängstlichen Hund
nur kann ein Hund das gut kaschier'n
und nur Hundekenner können das registrier'n,
denn sieht ein Hund so aus wie auf dem Bild
dann ist der keinesfalls gefährlich und wild
denn seine Körpersprache die sagt klar
er hat große Angst, und das ist wahr
drum sollte man ihn auch nicht anfassen.
sondern einfach nur in Ruhe lassen.

Und so mancher Hund, das muss man wissen
wird von Artgenossen oftmals gebissen
weil diese oft sehr aggressiv,
denn oft schlummern im Inneren ganz tief
Ängste, die ein Hund so nicht zeigen kann
und deshalb überdeckt er dann
diese Angst mit aggressivem Verhalten,
drum muss man seinen Hund im Auge behalten
um die wahren Gründe heraus zu finden
die ein aggressives Verhalten begründen.

Im nächsten Leben werde ich…….Hund!

Meine Frau und ich haben bei verschiedenen Situationen des Öfteren schmunzelnd festgestellt, dass wir beide „im nächsten Leben Hund werden wollen".

Im folgenden Gedicht soll deshalb beispielhaft erzählt werden, warum man sich manchmal bei bestimmten Lebenssituationen aufrichtig wünscht

„ein Hund sein zu dürfen!"

Ein Mensch steht da, träumt, sinniert und
schaut nachdenklich auf seinen Hund
der liegt da und schnarcht vor sich hin
der Mensch schaut auf die Uhr dann hin
und muss mit Schrecken sodann erkennen
er muss schnell aus dem Haus jetzt rennen
denn er muss, wie könnt's anders sein
ja pünktlich auf der Arbeit sein.
Der Hund der schaut ihn mitleidig an
er wird gestreichelt und sodann
schläft er weiter, weil's gesund
und der Mensch denkt…

…jetzt wär' ich gern ein Hund!

Mir geht's gut!

Der Tag vergeht, der Mensch kommt heim
wird toll begrüßt, so muss das sein
und der Hund ausgeruht und fit
will jetzt mit seinem Herrchen mit
und unbedingt noch Gassi geh'n
denn er weiß ja ganz genau
egal ob Mann oder Frau
seinem flehenden Blick, das kann man seh'n
dem kann kein Mensch je wiedersteh'n
und der Mensch grübelt und sinniert:
„Wann ist mir das zuletzt passiert,
dass Wünsche die im Kopf gewesen
von meinen Augen wurden abgelesen?",
er schaut in die treuen Hundeaugen und

denkt **„jetzt wäre ich gern ein Hund!**

Ein Mensch muss für sein Leben sorgen
arbeiten, hasten und Dinge besorgen
die er braucht für's tägliche Leben
so ist nun mal des Menschen Leben
und kommt er von der Arbeit heim
dann muss er, so muss es nun mal sein
Wohnung und Haus in Ordnung bringen
und nicht zuletzt vor allen Dingen
sich über's Essen Gedanken machen,
der Hund kann darüber nur lachen
und liegt im Körbchen lieb und brav
unschuldig wie ein treues Schaf..

Denn er weiß ja ganz genau
sein Mensch, egal ob Mann ob Frau,
ihm sein Fressen stets serviert
der Mensch derweil sein Essen rührt
bis er dann seinen Hund entdeckt
der neben ihm sich zu ihm reckt
mit einem Blick der Bände spricht:
„Krieg ich heut mein Fressen nicht?"
und das ist dann wieder der Moment
wo der Mensch ganz klar erkennt
meinem Hund dem geht es gut, der ist gesund

„was wär' ich doch so gern ein Hund"

Mancher Mensch der arbeitet eben
um durch Arbeit gut zu leben
ein Anderer der ist zu jeder Zeit
nur zum Arbeiten bereit,
er kann nur streben, schuften, rennen
und sich gar nichts Gutes gönnen,
doch Lebensphilosophie hin und her
so mancher Mensch hat's wirklich schwer
im Leben die Balance zu finden
zwischen Nichtstun und sich ständig schinden.

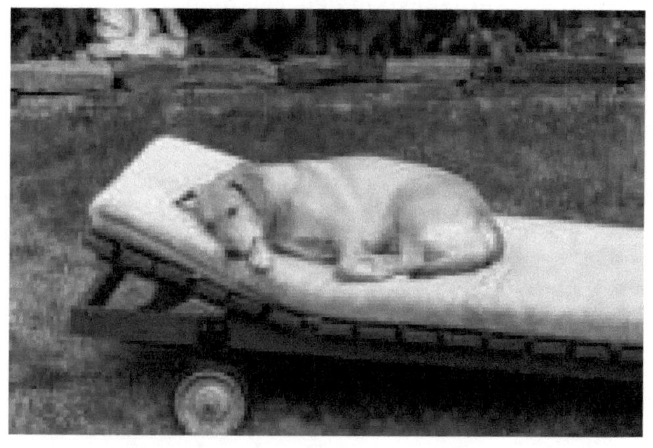

Hat da irgend jemand bemerkt, dass ich auf der
Liege von Herrchen liege?

Einem Hund, ich sag's einmal
ist das alles ganz egal
er lebt so in den Tag hinein
lässt Ungerades auch mal Gerade sein
tut seine Freiheiten genießen
ist auf's Arbeiten nicht angewiesen
aber er weiß zu jeder Zeit
steht Essen und Trinken für ihn bereit
und so genießt er halt mal eben
die schönen Stunden im Hundeleben
und hat der Mensch mal etwas Zeit
und ist zum Nachdenken bereit
dann denkt er, ach wie wär' das fein
im nächsten Leben

„möchte ich ein Hund mal sein!"

Verhaltens ABC für Hundebesitzer
...und solche die es noch werden wollen.

Vorurteile, Ängste Unsicherheiten und sogar aggressives Verhalten gegenüber Hundehaltern und deren Hunden sind unter anderem davon geprägt, dass einige der Hundehalter im Alltag bei alltäglichen Situationen bestimmte Verhaltensweisen von sich und ihrem Hund als völlig selbstverständlich ansehen.

Aus diesem Grund können sie sich überhaupt nicht vorstellen, dass gerade ihre Verhaltensweisen sehr oft für mögliche Kommunikationsprobleme, Vorurteile und Schwierigkeiten verantwortlich sind.

Dieses Hunde ABC soll „Herrchen oder Frauchen" und möglichen künftigen Hundebesitzern einmal vor Augen führen, welche Verhaltensweisen von ihnen bzw. ihrem Hund als problematisch angesehen werden können.

A wie Anspringen

Mancher Hund das kann man öfters seh'n
erzeugt unbewusst so manches Problem
weil seine Begrüßung aus Freude pur
besteht aus Hochspringen leider nur
und das erzeugt bei vielen nur
keine Freude sondern Ängste pur
drum muss man dieses Verhalten beschränken
und in richtige Bahnen lenken
und dadurch allein, das kann man dann seh'n
beseitigt man schon so manches Problem.

B wie Bellen

Bellen wird ganz unumwunden
oft als störend dann empfunden
wenn ein Hund tagaus tagein
oftmals zuhause auch noch allein
ohne Grund nur bellen tut
das bringt manchen Nachbar gar in Wut
und das kann man sogar versteh'n
aber wie löst man dies Problem
denn ein Hund muss bellen, das ist klar
aber nicht wenn gar nichts war
denn Bellen sollte ein wachsamer Hund
nur wenn es dafür gibt 'nen Grund.

C wie Chihuahua

Der kleine Chihuahua Hund
ist modern und in aller Mund'
und stellvertretend für die kleinen Rassen
will ich mich mit denen einmal kurz befassen,
denn kleine Hunde, die sehr viele entzücken
haben sehr oft auch ihre Tücken,
denn unberechenbar und manchmal zickig
werden die auch oft mal giftig
und so mancher, das muss man wissen
wurde schon ins Hosenbein gebissen
drum sei als Faustregel hier benannt:
„Habt ihr einen kleinen Hund erkannt
lasst nicht nur vom Gefühl euch lenken
sondern auch an diesen Vers hier denken".

D wie Dauerstress

Dieses Gedicht, das muss man seh'n
könnte unter „K" auch steh'n
denn ich will hier ohne Frage
zum Thema Kastration was sage'
denn viele Rüden das ist wahr
haben Dauerstress das ganze Jahr
wegen der vielen Hündinnen die heiß
und dieser Stress fordert seinen Preis
weil der Hund ständig ausreißen will,
er hat keine Ruhe und wird nicht still
da er sich ständig neu erregen muss
drum macht man damit einfach Schluss
denn wenn er keine Nachfahr'n zeugen soll
lässt man ihn kastrier'n, das ist für alle toll
und der Rüde, auch das ist schön
hat damit überhaupt kein Problem!

E wie Erziehung

Erziehung ist das halbe Leben
das gilt auch für Hunde eben
denn ein Hund der nicht erzogen
das sag' ich hier ganz ungelogen
der spielt aus seine Macht
und er bestimmt dann was man so macht
drum fängt man mit der Erziehung frühzeitig an
dann haben am Hund alle ihre Freude dran!

E wie Eifersucht

Auch Hunde das ist richtig
sind ab und zu mal eifersüchtig
und insbesondere dann
wenn Herrchen oder Frauchen irgendwann
sich um jemand anderes kümmern,
das tut die Situation verschlimmern
denn wenn der Hund es bisher gewohnt
dass nur er wird gestreichelt und belohnt
dann ist das für ihn halt schon ein Problem
da zu sitzen und mit anzuseh'n
wenn andere plötzlich interessanter sind
und das gilt für Hunde, Babys oder Enkelkind!

F wie Fahrrad

Fahrräder schnell, leise und schön
sind für viele Hunde ein Problem
denn ein Hund ganz ungelogen
und sei er noch so gut erzogen
ist ein Tier und deshalb das ist wahr
manchmal halt auch unberechenbar
und Frauchen oder Herrchen
sollten ihn deshalb stets beherrschen
und möglichst vorher schon reagier'n
bevor etwas kann passier'n.

Besonders groß und das ist wahr
ist insbesondere dann die Gefahr
wenn der Hund plötzlich erschrickt
weil ihm jemand „auf die Pelle rückt"
und das ist halt in so manch einem Fall
bei Radfahrern sehr oft der Fall
denn die nähern sich oft ganz leise
und tauchen dann auf diese Weise
plötzlich neben einem auf,
der Hund erschrickt und springt dann auf
und meist, das kann ich hier verraten
in Richtung „schlanker Radlerwaden"
und dann, das wird jedem jetzt klar
ist das Fiasko auch schon da.

Drum Hundebesitzer, ihr solltet in diesen Fällen
insbesondere an so kritischen Stellen
immer Vorsicht walten lassen
und euere Hunde kurz dann fassen
dies gilt insbesondere auf Wegen
wo Hunde und Radfahrer sich begegnen
und zwecks Vermeidung von Streit und Krach
gibt der Klügere halt nach!

G wie Gefahr

Hundegegner mal ganz ehrlich
meinen alle Hunde sind gefährlich
doch egal ob Terrier oder Dobermann
an der Geschichte ist nichts dran
denn Hunde sind von ihrer Natur
schon immer Freunde des Menschen, nur
wenn abgerichtet auf Beißen und Kämpfen
kann man das dann nicht mehr dämpfen.

H wie Hundekot

Manch Hundebesitzer das ist nicht zum Lachen
lässt seinen Hund überall „Häufchen" machen
egal ob auf Straßen oder Trottoir
das muss nicht sein, das ist wahr
denn eine kleine Tüte die wirkt Wunder
dort kriegt man leicht das Häufchen unter,
Tüte auf und Häufchen rein
Problem beseitigt, so sollte es sein.

H wie Hundeschule

Ein Hund den muss man erziehen
dem darf sich kein Besitzer entziehen
und wie man alles richtig macht
bekommt man in der Hundeschule beigebracht
denn Herrchen oder Frauchen mit Hund
treffen sich dort in munterer Rund'
um mit anderen Hunden viel zu lerne'
und die Hunde die machen das gerne
die freu'n sich wenn sie was kapieren
um dann eine Belohnung dafür zu kassieren
und tut der Hund später dann gut parier'n
geht man auch ganz entspannt spazier'n.

„Die Hundeschule war wirklich das Richtige."

I wie Instinkt

Ein Hund ist nach wie vor ein Tier
und ein Tier das wissen wir
kann wie ein Mensch nicht denken
sondern lässt sich stets vom Instinkt nur lenken
und zu ängstlichen Menschen das kann man oft
seh'n
tun Hunde ganz besonders gerne geh'n.

Aber für jemand der vor Hunden Ängste hat
ist dies ein Problem ganz in der Tat
doch der Hund ganz ohne Witze
will den Mensch ja nur beschütze
und dass dessen Angst ihm gilt, dem Hund,
das ist dem Hund halt viel zu rund.

J wie Jagen

Viele Hunde das kann man sagen
tun halt gerne auch mal jagen
und immer da wo sehr viel Wild
für Herrchen oder Frauchen gilt
das Wild zu schützen ist ein absolutes Muss
sodass der Hund dann an die Leine muss.

K wie Kraft

45

Mancher Hund hat sehr viel Kraft
so dass der es ohne weiteres schafft
dass, wenn plötzlich was passiert
er ganz schnell dann reagiert
und manche Männer und Frauen
wurden schon wortwörtlich „umgehauen"
wenn ihr Hund ganz unerwartet
von Null auf Hundert plötzlich startet
und deshalb sollte man es unterlassen
Kinder mit Hunden alleine weg zu lassen
denn da sind Konflikte schon vorprogrammiert
und es ist leider schon viel passiert.

L wie Leinenzwang

Durch Leinenzwang, das hört man oft,
sich so mancher dann erhofft
sei man viele Hundeprobleme los
doch das ist ein Trugschluss bloß
denn Hundehaufen sind deswegen nicht weg
und dieser Zwang hätte nur den Zweck
dass man sämtliches Verhalten pauschaliert
doch davon, das sage ich offen

wären sodann wieder alle betroffen
und das wäre schade und auch nicht nötig
deshalb Anleinen nur dort, wo nötig
im Verkehr und auf öffentlichen Wegen
wo viele fremde Menschen sich bewegen
ansonsten, wenn der Hund gut hört
das Freilaufen wohl Keinen stört.

M wie Markieren

Ein Rüde hinterlässt in jedem Fall
seinen Duft fast überall
und so kann man's oft erleben
der Hund der tut sein Beinchen heben
und er markiert für alle Fälle
in jedem Fall dann jene Stelle
wo ein anderer Hund ganz interessiert
ebenfalls bereits markiert.

Aber mit dem Spaß ist dann jedenfalls Schluss
wenn der Hund alles markieren muss
und Herrchen und Frauchen, das sei hier gesagt
die sind immer dann gefragt
wenn an Häusern, Zäunen oder Autos eben
der Hund will dort sein Beinchen heben
denn so etwas das muss nicht sein
und erfordert deshalb ein konsequentes Nein!

N wie natürliche Feinde

Von Ausnahmen mal abgeseh'n
haben Hunde ein Problem
denn wenn sie irgendwo erblicken Katzen
dann wetzen sie sofort die Tatzen
und im nächsten Augenblick sozusagen
hinter diesen her zu jagen
und es ist dabei nicht immer gesagt
dass der Hund das „Rennen" macht
denn manche Katzen, das ist wahr
stellen sich dem Hund sogar
und fügen dem ganz rasch im Nu
auch entsprechende Wunden zu
und zwecks Vermeidung solcher Leiden
sollte man solche Kontakte halt vermeiden.

O wie Oberhaupt

Bei uns Menschen das ist wahr
ist alles geregelt, ist doch klar
und es gibt deshalb in der Tat
immer Jemanden der „das Sagen" hat
egal ob beruflich, zuhause oder im Verein
Einer muss immer das Oberhaupt sein
und bei Hunden das sei mal gesagt
wird das ganz genauso gemacht
und im Rudel das wissen wir
ist das Oberhaupt das „Alphatier".

Und deshalb muss der Mensch mal eben
wenn Hund und Mensch zusammen leben
diesen Posten übernehmen
und dazu muss man noch erwähnen,
diese Ordnung und das ist richtig
ist für den Hund besonders wichtig
denn er hat damit überhaupt kein Problem
und er lebt zufrieden und bequem
denn jeder Hund tut akzeptier'n
dass jeweils nur Einer kann regier'n
aber fatal wird's in der Tat
wenn „der Hund das Sagen hat!"

P wie „Promenadenmischung"

Diese Hunde werden oft Bastarde genannt
das klingt hässlich das ist bekannt
denn sie sind meistens lieb, robust und gesund,
ich spreche hier vom Mischlingshund
„denn der ist Hund und darf es sein"
selbst wenn der Schwanz mal viel zu klein
oder die Beine zu kurz oder zu groß
doch wen interessiert das bloß
denn vom Wesen her sind sie sehr liebenswert
und was so mancher Züchter nicht gern hört
Mischlingshunde sind halt in der Tat
in jedem Fall ein „Unikat".

Q wie „Quälerei"

Hunde ganz ohne Witze
tun über ihre Zunge schwitze'
aber bei großer Hitze das ist wahr
beseht auch für Hunde Hitzschlaggefahr
und trotzdem, man kann's nicht versteh'n
kann man im Sommer Hunde in Autos seh'n,
kein Besitzer weit und breit
nur ein armer Hund erregt die Aufmerksamkeit
weil er in brütender Hitze
drin im Auto dort muss sitze'
und das bezeichne ich ganz einwandfrei
nur als reine Tierquälerei!

R wie Rudel

Alle Hunde und nicht nur Pudel
fühlen sich am wohlsten nur im Rudel
drum ist das Schlimmste wie könnt's sein
jeden Tag allein zu sein
weil die Besitzer wegen Berufstätigkeit
haben nur morgens und abends etwas Zeit
um mit ihm mal kurz Gassi zu geh'n
das ist für den Hund ein großes Problem
drum sollte man vor dem Kauf daran denken
einem Hund muss man Zeit und Aufmerksamkeit schenken.

S wie schnüffeln

Manche weniger und Manche mehr
auch Hunde plagt die Neugier sehr
denn die Nase unserer Hunde
kann das ganze Umfeld erkunde
und er schnüffelt bis er was entdeckt
aber wenn richtige Neugier im Hund drin steckt
dann wird der Kopf ganz hoch gestreckt
damit man endlich was entdeckt
und das Schwänzchen geht schnell in die Höh'
das kann man auf dem Bild gut seh'.

Herrchen, …….was gibt's den da Interessantes
zu sehen?

T wie Therapie

Ein Hund das weiß die Wissenschaft
gibt vielen Menschen sehr viel Kraft
und das Streicheln von einem Hund
ist für den Menschen auch gesund
denn, das muss man sich mal denken
das kann sogar den Blutdruck senken.

Und Dank Hund, auch das sei berichtet
hat man auch schon auf Medikamente
verzichtet
weil Hunde mit ihrer Sympathie
unterstützen so manch eine Therapie,
deshalb sollte man daran auch einmal denken
und Hunden etwas mehr Aufmerksamkeit
schenken.

U wie Urlaub

Hundebesitzer wollen auch in Urlaub geh'n
und das ist manchmal ein Problem
denn Flugreisen interkontinental
sind für den Hund kein Spaß nur Qual
denn stundenlang in einem Käfig drin
erzeugt auch sehr viel Adrenalin
aber auch ein Hund so ist das eben
möchte Urlaub gern erleben
denn Herrchen und Frauchen das ist wahr
sind dann ganztags für ihn da
drum sollte man, das kann man jetzt erahnen
den Urlaub „hundefreundlich" planen
wie zum Beispiel in einem Ferienhaus
denn so sieht ein guter Rudelurlaub aus!

V wie Vergessen

Mancher Mensch so für sich denkt,
dass ein Hund wenn er mal abgelenkt
viele Dinge schnell vergisst
doch in Wahrheit dem nicht so ist,
denn ein Zeitgefühl, das sei hier mal bericht'
das kennen Hunde nicht
und das bemerkt man immer dann
wenn man mal fortgeht irgendwann
und kommt kurz darauf wieder heim
dann wird man begrüßt, wie könnt's anders sein
als sei man drei Wochen lang weg gewesen
so ist halt mal der Hunde ihr Wesen.

Doch schlechte Erfahrungen, auch das ist wahr
vergisst ein Hund nicht über viele Jahr'
drum sollte man es gar nicht ausprobier'n
und Hunde ärgern oder schikanier'n
denn die Rechnung dafür, das sei hier zitiert
bekommt man irgendwann einmal
„schmerzlich quittiert".

W wie Weitsicht

Ein Hund wer glaubt das schon
kann aus seiner Position
recht gut und sehr weit seh'n
und das ist manchmal ein Problem
denn selbst auf große Entfernung das ist klar
nimmt ein Hund Bewegungen wahr
er kann diese zwar nicht identifizier'n
doch das tut ihn überhaupt nicht interessier'n
denn in der Regel ist er dann fort
und rennt hin zu diesem interessanten Ort
wo er das Objekt seiner Begierde entdeckt
das bei ihm Interesse hat geweckt
und wenn ein Jagdtrieb in ihm steckt
ist dieser Drang recht groß, das hab' ich entdeckt!

X wie x-beliebig

Einen x-beliebigen Hund zu sich zu nehmen
davon sollte man stets Abstand nehmen
denn ein Hund der muss zum Menschen passen
doch es gibt halt sehr viele Rassen
und da fällt einem die Auswahl schwer
aber wo kriegt man Hilfe her?

Das ist nicht schwer hab' ich erkannt
denn es hilft oft der gesunde Menschenverstand
und für eine Großstadt nur mit Grünanlagen
da tue ich die Prognose wagen,
dass ein Hund mit viel Bewegungsdrang
dort nicht glücklich werden kann
und die Wohnsituation, auch das ist richtig
ist in jedem Falle wichtig
aber meine Beobachtung leider sehr oft ist
je kleiner eine Wohnung ist
umso größer muss der Hund wohl sein
ich denke so etwas das muss nicht sein.

Und auf den Prüfstand ohne Hohn
gehört auch die Familiensituation
denn wenn Kinder sind im Haus
scheiden schon manche Rassen aus
und wenn man all dies hat bedacht
der neue Hund auch Freude macht!

Y wie Youngster

Beim Menschen sind wir es gewöhnt
auch wenn so mancher darüber stöhnt
dass der Weg sehr schwierig werden kann
vom Kind hin zu Frau oder Mann
aber viele Menschen haben leider vergessen
dass Kinder gerne Kräfte messen
um ihre Grenzen zu entdecken
und das Gleiche tut im Hund drin stecken.

Drum ist der Mensch zunächst irritiert
wenn sein kuscheliger Welpe anders reagiert
als dieser es bisher getan
doch da ist nichts Schlimmes dran
nur der Mensch muss immer daran denken
dass er den Hund tut lenken
denn auch ein Hund muss akzeptier'n
dass bei ihm bestimmte Grenzen existier'n
und ein Hund, das ist mein Rat
der „Konsequenz und Liebe" erfahren hat
der wird, das wird man dann auch seh'n
für den Menschen nie zum Problem.

Z wie Zuchthunde

Für viele Menschen so ist das nun mal
sind nur Zuchthunde die erste Wahl
denn wer etwas auf sich hält
der braucht einen Hund für sehr viel Geld
mit Auszeichnungen erster Klasse
und manch einer kann's gar nicht fasse'

dass im wahren Leben in der Tat
mancher Rassehund diverse Wehwehchen hat
weil durch die Zucht jahrzehntelang
nur das Aussehen spielte den ersten Rang.

Hunde und bestimmte Personengruppen

In diesem Kapitel wird auf bestimmte Personengruppen eingegangen bei denen aufgrund ihres Verhaltens, ihres Aussehens bzw. der Art und Weise ihrer Fortbewegung die Wahrscheinlichkeit sehr groß ist, dass es zu Konflikten und Unstimmigkeiten zwischen ihnen und Hundebesitzern mit ihren Hunden kommen kann.

Ich möchte allerdings gleich vorab betonen, dass bei Schwierigkeiten und Problemen beim gemeinsamen Umgang miteinander in der Regel nicht nur die in diesem Kapitel aufgeführten Personengruppen dafür verantwortlich sind, sondern – wie so oft im Leben – gehören auch bei dieser Art von Konflikten immer „zwei dazu".

Das können natürlich auch in gleichem Maße Hundebesitzer sein, denen aufgrund langjähriger, eingeschliffener und nicht mehr reflektierter Verhaltensweisen überhaupt nicht bewusst ist, dass sie mit ihrem Verhalten auch Konflikte heraufbeschwören können, die bei gegenseitiger Rücksichtnahme überhaupt nicht aufgetreten wären.

Jogger und Walker!

Ein Hund der sitzt am Wegesrand
wo er ein schönes Plätzchen fand
und er schaut in aller Ruh'
den Menschen so beim Joggen zu.
Er sieht Gesichter schwitzend und rot
gar mancher ist in Atemnot
denn nur Wenige sind locker und heiter
und laufen ihre Strecke weiter.

Der Hund der wundert sich gar sehr
und er versteht die Welt nicht mehr
denn das Ganze macht für ihn keinen Sinn
darum sinniert er so vor sich hin:

„Als Hund kann ich die Läufer gut versteh'n
denn auch wir Hunde das kann man seh'n
lieben das Rennen in freier Natur
im Unterschied zum Menschen aber nur
um etwas zu Fangen oder zu Jagen
und deshalb, das muss ich Euch sagen
sind Jogger für uns eine wahre Freude
und stets eine willkommene Beute
denn rennen die so vor uns her
dann steigt unser Interesse umso mehr!"

HECTOR IST GANZ BRAV!
DER TUT NIEMANDEM WAS!
www.karikatur-cartoon.de

Radfahrer

Du gehst spazieren völlig ahnungslos
und denkst plötzlich, was ist jetzt los
denn schnell und leise irgendwann
kommt ein Radfahrer von hinten heran.
Du bist erschrocken und starr vor Schreck
doch „Husch",….da ist er wieder weg
und hast Du Pech auch das ist wahr
schimpft der noch laut und wahrnehmbar
denn diese besonderen Radfahrer denken sich ja
der Weg ist nur zum Radfahr'n da.

Soviel in „leicht verdaulicher Versform" als
inhaltliche Einleitung zu einer Personengruppe,
der ich aus bestimmten Gründen etwas mehr
Raum gewidmet habe.

Stellen sie sich vor, sie leben in einem schönen
Ort bei dem vor einigen Jahren eine alte ein-
gleisige Bahnstrecke stillgelegt und nach jahre-
langer Ruhepause als Rad- und Wanderweg
wieder neu eröffnet wurde.

Das ist doch schön werden Sie sagen,…stimmt,
aber leider hat man dann sprichwörtlicherweise
die Rechnung ohne den Wirt – sprich die Radfahrer – gemacht.

Denken sie jetzt bitte nicht ich hätte etwas gegen Radfahrer, denn außer spazieren gehen, Auto fahren und walken, fahre auch ich gerne Rad, ich würde mich aber eher als „Genussradfahrer" bezeichnen, und ich habe deshalb etwas gegen eine bestimmte Art von

„verhinderten Tour de France Fahrern,"

die man in der Regel schon von weitem an

- ihrem grellbunten Outfit,
- einem verbissenen Gesichtsausdruck,
- dem ständigen Blick auf Uhr und „Bordcomputer"
- und oft an einer gewissen Portion Unhöflichkeit erkennt,

wenn man als Spaziergänger oder Hundehalter auf „ihrer Rennstrecke" unterwegs ist.

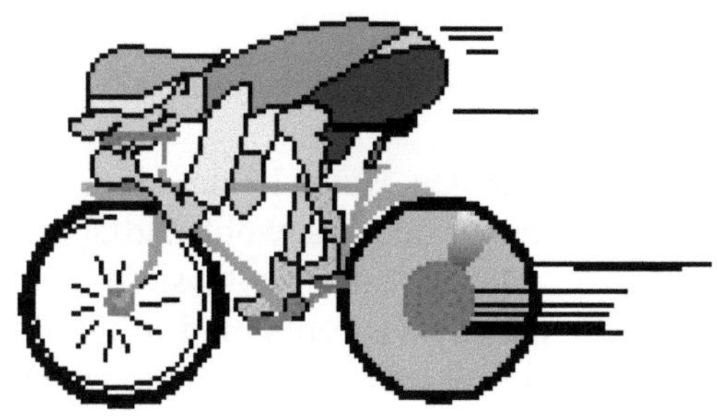

Oft muss man dann auch noch hastig herausgerufene Schimpfworte von diesen Radfahrern ertragen, weil man nicht in erstarrender Erfurcht vor diesen Supersportlern sofort den Weg frei gemacht oder sich durch einen Sprung in den Graben in Sicherheit gebracht hat.

Sie sehen also, dass diese Radfahrer nicht nur ein Problem für Hundehalter darstellen sondern generell für alle Personen, die sich nur mit ihren eigenen Füßen fortbewegen, und man kann deshalb feststellen, dass beim Zusammentreffen dieser besonderen Art von Radfahrern mit anderen Zwei- oder Vierbeinern in der Regel...

.... „Konflikte schon vorprogrammiert sind."

Warum muss es aber überhaupt so weit kommen und was können beide Seiten dagegen tun?

Das einfachste Mittel heißt ganz schlicht und einfach:

„Gegenseitige Rücksichtnahme!"

Das bedeutet für den Hundehalter, dass er auf solchen Wegen, auf denen sowohl Radfahrer als auch Spaziergänger unterwegs sind, immer dafür sorgen muss, dass sein Hund in unmittelbarer Nähe bei Fuß oder an der Leine ist, denn nur so kann man in unvorhergesehenen Situationen sofort reagieren.

Etwas umfangreicher sehen allerdings die Empfehlungen für Radfahrer aus, denn ich habe sehr oft den Eindruck, dass die meisten überhaupt nicht wissen, dass sie bei bestimmten Verhaltensweisen sich selber aber auch Dritte in Gefahr bringen können.

Eigentlich müsste ja jedem klar sein, dass ein von Spaziergängern, Wanderern, Joggern und Radfahrern gemeinsam genutzter Weg keine abgesperrte Radrennstrecke darstellt, wie sieht aber die oftmals erlebte Praxis aus?

Da erschrickt man, weil sich völlig unbemerkt plötzlich ein Radfahrer neben einem befindet, der – nachdem man sich vom Schreck erholt hat – längst schon wieder das Weite gesucht hat,…..zum Glück, denn was wäre passiert, wenn man vor Schreck direkt zum Fahrrad hin ausgewichen oder der Hund ins Fahrrad gelaufen wäre???!!

Denjenigen Lesern unter ihnen, die sich jetzt als Radfahrer der beschriebenen Kategorie erkannt haben, empfehle ich das folgende Gedicht in Ruhe zu lesen, denn in der Regel kann man in Versform vorgetragene Tatsachen immer etwas besser verkraften,…..

…und das Beste wäre, sie könnten sogar darüber schmunzeln?!

Radfahrer die ihr Radl lenken
sollten öfters einmal daran denken
auch wenn man es nicht für möglich hält
„ihr seid nicht allein auf dieser Welt"
und auf gemeinsam benutzten Wegen
muss man eben Rücksicht pflegen
und lernen, ja das müsst ihr nur,
dass Wanderer in freier Natur
am Laufen haben Freude dran,
und die tun das alles ohne Zwang
ohne Pulsuhr und Chronometer
am Handgelenk kein Tachometer
und das ist, hört Euch's mal an
viel gesünder als jeglicher Zwang.

Und was lehrt Euch Radler diese Geschichte,
das will ich hier jetzt kurz berichte'
und ich will Euch keinesfalls tadeln
habt weiter Spaß an Eurem Radeln
doch denkt bitte auch mal dran
an's Fahrrad gehört eine Klingel dran
wenn's sein muss in „aerodynamischer Form"
zur Verbesserung Eurer Leistungsnorm
und das schadet auch nicht Euer'm Rad
denn es wäre doch wirklich schad'
wenn ihr mit jemand kollidiert
und Eure schönen Radlerwaden ramponiert!

Und bitte rechtzeitig die Fahrt reduzier'n
und die Fußgänger nicht provozier'n
mit Überholmanövern so richtig riskant
und irgendwann habt ihr dann hoffentlich auch
erkannt
dass Eure sportliche Aktivität
viel angenehmer so vonstatten geht.
Und nach dem Überholen einmal Danke gesagt
wenn man Euch rechtzeitig Platz gemacht,
das bedeutet menschlich sehr viel
und ist viel mehr wert

„als dreißig Sekunden früher am Ziel!"

Inline Skater

Vier Pfoten braucht ein Hund zum Laufen
er braucht sich keine Schuhe kaufen
beim Menschen sieht das anders aus
denn zwei Füße reichen dem nicht aus
drum schnallt er sich so dann und wann
irgendwelche Geräte an
im Winter sind das ein Paar Ski
im Sommer Schoner für die Knie
und an die Füße kommen dann
Schuhe mit vier Rollen dran
und schon kann man mit diesen Sachen
so manchen Spazierweg unsicher machen.

„Inline Skater" das muss man wissen
sind für Hunde wahre Leckerbissen
und im Namen von so manchem Hund
nenne ich hier mal den Grund,
denn dreht ein Skater so seine Runden
ist das mit Geräusch verbunden
und weil das Geräusch der vielen Rollen
viele so nicht hören wollen
wird dies, das sag ich unumwunden
von Hunden nur als Lärm empfunden
und verstärkt wird dieser Effekt
das habe ich jetzt auch entdeckt
durch den Einsatz von zwei Stecken
denn deren lautes Klack, Klack tut Hunde
natürlich erschrecken.

Auch durch das Outfit, das ist wahr
steigt der Jagdtrieb das ist doch klar
und der Hund hat damit ein Problem
denn wo kann er sonst solche Menschen seh'n
die mit Polstern an bestimmten Körperteilen
auf Rollen durch die Gegend eilen
auf dem Kopf noch einen Helm
und da erwacht im Hund der „Schelm"
denn für ihn, das wird jetzt klar
ist das kein Mensch den er da sah
sondern irgendein komisches
„jagdbares Wesen"
so, und das war's dann auch gewesen!

Drum liebe Skater denkt da dran
begegnet ihr einem Hund irgendwann
tut euer Tempo reduzier'n
und somit weniger Lärm produzier'n
stoppt kurz den Einsatz eurer Stecken
dann könnt ihr auch keinen Hund erschrecken
und ohne den zu provozier'n
wird der auch nicht aggressiv reagier'n
und habt ihr den Hund dann überholt
dann wird wieder richtig Fahrt aufgeholt
und mit diesem Rezept das ist wahr
ist mancher Konflikt gar nicht mehr da!

Mountain Biker

Ein Mensch spaziert durch Wald und Flur
und freut sich an der Ruhe pur
ein Pfad der führt ihn steil bergan
sein Hund ist an der Leine dran
denn hier im Wald, das kann man sagen
gibt's vieles halt zu jagen
und schon so manches kleine Reh
fand leider ein schnelles Ende jäh
weil ein Hund sich festgebissen
und dieses kleine Tier gerissen
aber Hundebesitzer die verantwortungsvoll
finden so etwas nicht toll.

Der Mensch geht weiter dann bergan
und denkt da überhaupt nicht dran,
dass hier auf diesem schmalen Pfad
irgendjemand fährt mit einem Rad
doch da liegt er leider schief
und als plötzlich dann jemand „Achtung" rief
da sah er dann ganz traurig ein
er ist auf dem Bergpfad nicht allein.

Und tatsächlich ganz unverhohlen
tun Biker ihn jetzt überholen
die haben zwar das gleiche Ziel
doch der Mensch hat das Gefühl
selbst am Berg hat niemand mehr Zeit
denn viele sind nicht mehr dazu bereit
Berge nur mit Füßen zu besteigen
stattdessen muss man Technik zeigen
und schnaubt mit 21 Gängen sodann
den steilsten Pfad zum Berg hinan.

Postbote

Postboten die sich auf ein Grundstück wagen
lassen Hundeherzen höher schlagen
denn der Hund, daheim in seinem Revier
fragt sich: „Was macht der denn hier?"
und das Ganze, ohne Witze
mit Uniform und auf dem Kopf ´ne Mütze
da wird der liebste Hund verrückt
weil ihn so etwas halt „entzückt"
und früher das tun wir wissen
wurde so Mancher gezwickt und gebissen
aber zum Glück seit vielen Jahren schon
gibt's eine „neue Postbotengeneration"
die sich mit den Hunden arrangiert
so dass deshalb viel weniger passiert.

Doch, das fragt man sich halt bloß
was ist denn da jetzt plötzlich los
denn auch die Briefträger in früheren Jahren
keine Hundegegner waren
aber heute, das ist die Norm
da gibt's oft halt keine Uniform
und die Zusteller haben erkannt
mit einem „Leckerli" in der Hand
erschließt man sich ganz ohne „Schmerzen"
zum Glück die meisten Hundeherzen!

Nichtsesshafte

Man hastet geschäftig durch die Stadt
weil man etwas zu erledigen hat
doch plötzlich kann man entdecke'
da sitzt ja jemand auf einer Decke
irgendwo am Straßenrand,
er streckt Dir entgegen seine Hand
und sehr oft auch das ist wahr
sitzt er nicht alleine da
sondern meistens oft zu zweit
mit einem Hund an seiner Seit'.

Der Hund der ist sein Freund und Begleiter
der zieht immer mit ihm weiter
und obwohl das Glück ihn hat verlassen
sein Hund der wird ihn nie verlassen
denn der bleibt auch in schwieriger Zeit
treu und ergeben an seiner Seit'.

Und dieses Gedicht das hab ich gedichtet
damit es dem Leser hier berichtet
dass diese Hunde auf einer Decke
irgendwo an einer Häuserecke
nicht bedauert werden müssen
denn diese Hunde haben, das muss man wissen
immer und zu jeder Zeit
alles was einen Hund erfreut.

Denn sie werden geliebt und dürfen beschütze'
doch das Wichtigste ist ganz ohne Witze
ihr Herrchen, und das ist wahr
ist halt immer für sie da
und deshalb das ist der Grund
ist in jedem Fall ein solcher Hund
besser dran als einer der zwar „gut situiert"
aber keine Zuwendung spürt
weil Herrchen oder Frauchen mangels Zeit
dazu leider nicht bereit.

Der Hund in verschiedenen Rollen

Wir Menschen müssen in unserem Leben sehr viele Rollen übernehmen oder wir werden manchmal auch in Rollen gedrängt, in denen wir uns oft gar nicht so wohl fühlen.

Egal ob geschlechtsbedingte, altersbedingte oder berufsbedingte Rollen, wir müssen diese – ob wir wollen oder nicht – auf der Bühne unseres Lebens spielen und ob wir die Rollen gut oder schlecht spielen, das beurteilen in der Regel Andere, manchmal beschleicht uns in diesem Zusammenhang aber auch selber ein ungutes oder aber auch ein gutes Gefühl.

Und wie sieht das jetzt bei einem Hund aus?

Normalerweise hat ein Hund ja von Natur aus keine „Rollenprobleme" da er ja außer Rudelmitglied oder Rudelführer sein zu müssen keine anderen Rollen übernehmen muss, und damit fühlt er sich in der Regel auch wohl.

Im Laufe der Zeit haben wir Menschen allerdings entdeckt, dass uns Hunde in vielerlei Hinsicht hilfreich sein können und deshalb erleben wir heute Hunde in den unterschiedlichsten Rollen.

Hunde als Beschützer

In unserer Zeit in der wir leben
braucht man zum Schutz von Leib und Leben
und zur Abwendung von Gefahr
einen wirksamen Schutz das ist doch klar
aber die Art und Weise die ist im Wandel
denn es blüht der Elektronikhandel
mit Alarmanlagen, Kameras und Co.
doch es geht auch anders sowieso
denn ein Hund hinter der Tür
der hat ein untrügliches Gespür
für unangenehme Zeitgenossen
und der funktioniert ganz ohne Possen
ohne Stromkabel oder Batterie
und auch einen Kurzschluss hat der nie!

Und egal was der Mensch so macht
sein Hund der gibt halt immer acht
und er beschützt nicht nur Hab' und Gut
sondern beweist auch stets viel Mut
in so manch kritischer Situation
denn ein Hund, man ahnt das schon
kann quasi bei menschlichen Wesen
so etwas wie Gedanken lesen
denn er registriert in der Tat
ob jemand böse Absichten hat
drum, hast Du Deinen Hund dabei
dann lebst Du angst- und sorgenfrei.

DER GEFAHREN-
BEREICH VOR TÜREN
ÜBT AUF UNS HUNDE
EINE UNERKLÄR-
BARE ANZIEHUNGS-
KRAFT AUS.
SCHRÖDER

Der Hund als „Konsument"

In unserer freien Marktwirtschaft
da haben es Hunde längst geschafft
sich am Markt zu etablier'n
und Herrchen und Frauchen registrier'n
dass Marketing Strategen
tagtäglich ständig überlegen
was Hundebesitzern am Besten gefällt
denn das bringt ja schließlich Geld
nur der Hund, das sei hier mal gesagt
der wird leider nicht gefragt!

Und für den Hund der etwas auf sich hält
gibt's eine bunte Modewelt
mit entsprechendem Accessoir
und es ist tatsächlich wahr
passend zu Frauchens Diamantenkette
gibt's tatsächlich, da könnt' ich wette
ein Halsband für den Hund so fein
mit so manchem glitzernden Edelstein
und so mancher Hund, der Wirtschaft sei Dank,
hat seinen eigenen Kleiderschrank
nur „Hund" das darf der nicht mehr sein
was ist der für ein „armes Schwein!

Bin ich nicht hübsch?

Der Hund als Spielgefährte

Mit einem freudigen Blick
schaue ich auf meine Kindheit zurück
denn zum Geburtstag im ersten Lebensjahr
da bekam ich und das ist wahr
einen kleinen Spitz geschenkt
und an so etwas man halt immer denkt
denn dieser Hund der war
mein treuer Begleiter für fast 17 Jahr'
und der hat nicht nur Spaß und Freude gemacht
sondern der hat mich als Kind auch bewacht
und an mein Spielzeug ohne Frage
da durfte kein fremdes Kind sich wage'.

„Purzel" mein Bewacher

Und auch für die Sozialisation
ist ein Hund, wer weiß das schon
ein wichtiger Faktor im Menschenleben
denn der kleine Mensch, der kann erleben,
dass man Verantwortung übernehmen muss
und so komm' ich zu dem Schluss
ein Hund ist für die Entwicklung nicht negativ
sondern für ein Kind immer positiv.

Doch eins muss ich noch thematisier'n
denn ich muss öfters registrier'n
dass manche Eltern, und das ist gar nicht toll
reagieren überhaupt nicht verantwortungsvoll
denn sie lassen ihre Kinder, das kann man seh'n
alleine mit ihrem Hund „Gassi gehen"
und das sehr oft mit einem großen Hund
das ist gefährlich und
bringt Kinder und Hund in Gefahr
das ist traurig aber wahr!

Der Hund als Staatsdiener

Auf Hunde das will ich hier berichten
können viele nicht verzichten
egal ob bei Polizei oder Zoll
Hunde erfüllen dort ihr Soll
denn wegen ihrem guten Gespür
braucht man sie mal dort mal hier
um so manche Dinge zu entdecken
die bestimmte Menschen bewusst verstecken.

Manch einer lebt heute wieder völlig gesund
Dank des Einsatzes von einem Rettungshund
und viele dieser Hunde das ist wahr
die uns dienen seit viele Jahr'
sind als Staatsdiener etabliert
und als vierbeinige Kollegen akzeptiert.

Der Hund als Nutztier

Ein Hund und das ist wahr
der ist vielseitig einsetzbar
und viele Menschen das kann man berichte'
können auf ihn halt nicht verzichte'
egal ob im Norden als Schlittenhund
oder in der Toskana als Trüffelhund
und auch für Lawinenopfer in Gefahr
ist oft der Hund als Retter da
und Dank Geruchssinn und ausdauernder Kraft
hat er Unmögliches oft schon geschafft
denn er hat schon oft, das sei hier erzählt
Mensch und Technik in den Schatten gestellt
denn, das ist der absolute Hit
der Hund braucht weder Strom noch Sprit
denn mit Zuneigung und Fressen dazu
ist er zufrieden und gibt Ruh.

....und so war es früher, denn die Milchfrau konnte sich kein Pferd leisten und deshalb hatte sie ein Hundegespann!

Noch etwas zum Thema Hund.

In diesem Kapitel finden sie Themen, die ich keinem der bisherigen Kapitel zuordnen konnte, auf die ich aber auch nicht verzichten wollte.

Sie werden beim Lesen feststellen, dass es sich um bunt gemischte Themen handelt, deren Bandbreite sich von amüsant bis traurig erstreckt.

Sämtliche Gedichte dieses Kapitels haben das Thema „Verhältnis des Menschen zum Hund" zum Inhalt und deshalb möchte ich dieses Kapitel mit folgendem Vierzeiler einleiten:

„Mensch bleibt Mensch und
Hund bleibt Hund
und nur dieses Verhältnis
das ist gesund!"

Treue Hundeaugen

Der Frühstückstisch der ist gedeckt
der Mensch die Hand zum Brötchen streckt
als plötzlich er dann registriert
er wird von irgendwem fixiert
doch es ist Keiner aus der Frühstücksrund'
nein, es ist einfach nur sein Hund
der sitzt zwar neben ihm ganz still
doch man ahnt genau was er jetzt will
er hätte nämlich gern etwas vom Tisch
zum Beispiel ein Stückchen Wurst, ganz frisch.

Und dies ist wieder so ein Augenblick
da denkt der Mensch dann kurz zurück
an Prinzipien die er einmal aufgestellt
und an die er sich schwer hält
denn blickt man in die Hundeaugen dort
dann wirft man Prinzipien schnell über Bord
und ein's sei hier mal deutlich gemacht
treue Hundeaugen haben viel Macht
denn der Hund mit seinem treuen Blick erreicht
dass des Menschen Herz sich erweicht
und deshalb gibt's jetzt auch was vom Tisch
nämlich ein Stückchen Wurst…ganz frisch!

Mmmmmh,…..was esst ihr Gutes?
Mir läuft das Wasser im Maul zusammen.

Könnt ihr's sehn?

Der vermenschlichte Hund.

Wohlfühlen sollten sich Mensch und Hund
und das ist für so Manchen auch der Grund
einen Hund, das kann man öfters seh'n
als Ersatz für einen Menschen anzuseh'n
weil man zum Beispiel in der Tat
keine eigenen Kinder hat
oder, auch das ist leider wahr
ein Lebenspartner der ist nicht mehr da
und deshalb wie könnt's anders sein'
nimmt ein Hund diese Stelle ein
und das ist auch überhaupt kein Problem
nur manchmal da kann man halt
auch Auswüchse seh'n.

Und schaut man mal genauer hin
dann macht so Vieles keinen Sinn
weil bei so manchem Ausdruck von Verwöhnen
möchte so mancher Hund laut stöhnen
denn er kann es gar nicht fassen
was Herrchen oder Frauchen sich
so einfallen lassen
um ihm das Leben zu versüßen
doch der Hund kann's nicht genießen.

Einem Hund so ist das nun einmal
dem ist es zum Beispiel völlig egal
wie man ihm „sein Fressen serviert"
wobei es ihn auch nicht interessiert
dass er aus dem gleichen Porzellan
wie Herrchen und Frauchen essen kann
und „outfitmäßig" das ist wahr
sind Besonderheiten auch feststellbar
denn so mancher Hund, man wird verrückt,
ist wie ein Weihnachtsbaum geschmückt.

Er hat diverse „Klunker" an Leine und Ohr
und vom Hund schaut nur noch 1/10 hervor
denn der größte Teil vom Fell
ist bedeckt mit Kleidung topaktuell
und so werden mit Gefühlen wohlbedacht
in dieser Branche gute Geschäfte gemacht
nur der Hund das kann man entdecke'
der bleibt leider auf der Strecke
denn der denkt:

„Ich armes Schwein,
ich möchte doch einfach Hund nur sein!"

Hundegegner

Es gibt Menschen egal ob jung oder alt
die mögen keine Hunde halt
und das ist grundsätzlich auch kein Problem
denn jeder Mensch findet etwas anderes schön
und Menschen untereinander, das weiß jedes
Kind
sich sympathisch oder unsympathisch sind
das hat natürlich auch seine Gründe
denn manchmal so wie ich empfinde
stimmt zwischen Menschen irgendwie
in manchen Fällen halt nicht die Chemie.

Und deshalb muss man genauso akzeptieren
die Gefühle zwischen Menschen und Tieren
nur leider ist die Wirklichkeit oft krasser
denn es gibt auch krankhafte „Hundehasser"
die trachten und so ist das eben
sogar den Hunden nach dem Leben
und legen vergiftetes Futter aus
die Realität die sieht dann sehr traurig aus
denn viele Hunde erleiden große Not
und sterben einen qualvollen Tod
und das ist, ich sag's an dieser Stell'
nichts anderes als kriminell!

Kampfhunde

Ein Kampfhund das sei hier mal gesagt
ist ein Produkt von Menschenhand gemacht
denn nur durch Erziehung
egal ob der Hund alt oder jung
kann man Hunde auf Dauer prägen
deshalb sollte man überlegen
endlich die Menschen stärker zu sanktionier'n
die solche Hunde falsch trainier'n
und Kampfhundelisten allein machen keinen
Sinn
denn schaut man mal genauer hin
gibt's viele Hunde dieser Rassen
die sich gut erziehen lassen.

.

Hund mit Stammbaum!

Auch die Welt der Hundebesitzer ist schon lange nicht mehr homogen, denn wenn ich so an meine Kindheit und Jugend zurückdenke, dann war man entweder ein Hundebesitzer oder nicht und wenn ja, dann hatte man schlicht und einfach „einen Hund".

Heute ist das alles viel differenzierter, denn man hat in vielen Fällen nicht nur einfach einen Hund, sondern man ist stolzer Besitzer eines hochkarätigen Hundes mit einer Ahnengalerie, die manches Fürstenhaus vor Neid erblassen lassen würde.

So besitzt man zum Beispiel einen „Rex von und zu BlaBlaBla" oder eine „Sissi aus dem Hause „von und zu Jottweedee", und darauf ist man natürlich mächtig stolz, denn man hat ja schließlich für diese Hunde auch einen Batzen Geld auf den Tisch des Hundezüchters gelegt.

Auch auf die Gefahr hin, dass sie meinen jetzigen Gedankensprung nicht nachvollziehen können, möchte ich an dieser Stelle einen älteren Werbespot in Erinnerung bringen, den sie vielleicht auch schon einmal gesehen haben. In diesem Werbespot treffen sich nach vielen Jahren zwei ehemalige Klassenkameraden wieder und einer der beiden zeigt dem anderen verschiedene Fotos, die

- das eigene Haus
- den eigenen Pool und
- ein nicht zu klein geratenes Auto

zeigen, um mit diesen Statussymbolen zu beweisen, dass es einem gut geht und man sich diese Prestigeobjekte leisten kann.

Mit einer entsprechenden Prise an Ironie ausgestattet wage ich deshalb zu behaupten, dass die Fotos in diesem Werbespot heutzutage für einige Hundebesitzer um das Statussymbol eines entsprechenden Rassehundes ergänzt werden müssten.

Und hier spricht der Hund

Ich habe im Vorwort angekündigt, dass auch in diesem Buch wieder einmal unser Hund zu Wort kommen soll, denn wenn man schon einmal ein Hundebuch liest, dann will man doch auch einmal wissen und erahnen was denn ein Hund so zu manchen Themen denkt.

Nun werden bestimmt einige „Nicht Hundebesitzer" unter den Lesern sagen: „Was soll das denn, denn objektiv betrachtet kann man doch nicht wissen was so ein Hund denkt!"

Das ist aber so nicht hundertprozentig richtig, denn verständnisvolle Herrchen und Frauchen unter den Lesern werden beim Lesen dieser Zeilen bestimmt kopfnickend bestätigen, dass man sehr wohl erahnen kann was sein Hund so denkt, und das will ich ihnen deshalb an einem Beispiel verdeutlichen:

Unser Hund Scoby geht leidenschaftlich gerne spazieren und am liebsten wäre er den ganzen Tag in Feldern, Fluren und Weinbergen unterwegs.

Diese Freude beginnt schon schwanzwedelnd dann, wenn sich Herrchen oder Frauchen ihre

„Hundeklamotten" anziehen, denn dann wird man nicht mehr aus den Augen gelassen und man muss sich sorgfältig umschauen, damit man nicht ungewollt über seinen Hund fällt, der einen in seiner riesigen Vorfreude im ganzen Haus verfolgt.

Spätestens dann, wenn wir aus dem Haus gehen und es draußen stürmt oder regnerisch ist, übt sich unser Hund „fortbewegungsmäßig" in vornehmer Zurückhaltung und trottet – mit gesenktem Kopf und interesselos eingerolltem Schwanz – gelangweilt neben einem her und dann kommt auch wieder so ein Augenblick wo der Hund.....

...seine Blicke sprechen lässt,

denn er schaut einen schräg von unten nach oben traurig an und sein Blick sagt eindeutig und klar:

„So jetzt reicht's, ich möchte jetzt umkehren und nach Hause, denn bei diesem Sauwetter schickt man doch keinen Hund vor die Tür!"

Jetzt spätestens dürfte jedem Skeptiker unter den Lesern klar werden, dass man sehr wohl an den Augen, der Mimik und der Körpersprache seines Hundes ablesen kann.......

…„was er so denkt“.

Und falls ich sie wider Erwarten doch nicht so
ganz überzeugen konnte, dann nehmen sie das
Ganze mit einer gehörigen Portion Humor und
vergessen bitte nicht, dass dieser Gedichtband
auch humorvolle Aspekte beinhaltet,
aber………

…lassen wir doch jetzt den Hund sprechen!

Ich bin nur ein Mischlingshund, na und!

Ich bin anhänglich, robust und gesund
denn ich bin ein „Mischlingshund"
und Herrchen und Frauchen das ist wahr
die finden mich ganz wunderbar
denn ich bin, das sei hier berichtet
zum Glück nicht überzüchtet.

Ich bin das Ergebnis man kann's nicht fassen
von der Zuneigung zweier Hunderassen
und die lebten ihre Liebe aus
als Ergebnis kam dann ich heraus
und an mir da wurde auch nichts kupiert
oder anlagemäßig etwas manipuliert
ich sehe halt aus wie ein sehr wilder Hund…

…na und?

Nur mein Herrchen, das tut mir oft leid
denn bei so manchem Spaziergang ist es soweit
dass uns Rassehunde entgegenkommen
und da schau ich ihn an ganz beklommen
weil ich halt seine Schwäche kenne
und die will ich hier benenne'
denn er kennt halt, es ist nicht zu fassen
leider nur sehr wenige Hunderassen.

Und deshalb ist's auch schon passiert
dass er manche Hundebesitzer hat frustriert
denn die konnten es gar nicht fasse'
dass er deren Hund mit seltener Rasse
als „interessanten Mischling" hat benannt
und am Gesicht da hat man dann erkannt,
dass so mancher Besitzer, ich sag's offen
davon ziemlich war betroffen!

Mein erster Schnee.

Spazieren gehen mit Herrchen war heute schön
und ich habe ganz viel Schnee geseh'n
denn zum ersten Mal in meinem Leben
konnte ich einen richtigen Wintertag erleben
und endlich einmal keinen braunen Matsch
oder Salz und sonst so ´nen Quatsch
nein, es war heut richtig schö'
im pulverigen weißen Schnee!

Doch ich musste auch etwas Neues lerne'
denn plötzlich tauchte in der Ferne
ein Mensch am Horizont dort auf
doch der stand auf „zwei Brettern" drauf
und rutschte damit über'n Schnee,
so etwas hatte ich noch nicht geseh'n.

Das sei Langlauf hat mein Herrchen mir erklärt
aber für mich ist das die Welt verkehrt
denn entweder tut man auf zwei Füßen stehen
oder mit vier Pfoten gehen
denn mir würde es nie einfallen
sich so ein paar Bretter anzuschnallen,
deshalb ihr Leser glaubt es mir
der Mensch der ist halt ein seltsames Tier!

Ein Schneeball ist auch ein Ball

Und so ein Winter in der Tat
hat noch andere Überraschungen parat
denn im Sommer in jedem Fall
spiele ich halt gerne mit dem Ball
doch mein Ball im Garten, das ist der Hit
der ist jetzt härter als Granit
und ich kann den nicht mehr fassen
drum muss ich Ballspielen jetzt ausfallen lassen
und mein Ball das kann man seh'
liegt jetzt unberührt im Schnee

Doch mein Herrchen hat da eine Idee
denn der greift ganz plötzlich in den Schnee
ich frage mich, was soll das bedeute'
aber bei mir da überwiegt die Freude
und kurz darauf da staune ich dann
weil Herrchen auch noch zaubern kann
denn er hat, das hab' ich erkannt,
plötzlich einen „weißen Ball" in der Hand.

Hei, was war die Freude groß
hoffentlich wirft der den Ball jetzt bloß
schnell in meine Richtung hin
denn so kommt mir in den Sinn
dann könnte ich in jedem Fall
auch im Winter spielen Ball.

Und wie gewünscht so auch getan
der Ball der kommt ganz schnell jetzt ran
ich will ihn fangen aber, ach Du Schreck,
plötzlich ist der Ball ja weg
und ich hab' nur Schnee im Maul
da ist doch irgendetwas faul
und mein Herrchen das tut auch noch lache'
aber trotzdem soll er weiter mache
denn, wisst ihr was
auch Schneeballspielen das macht Spaß!

Sprichwörtliches

Hunde sind seit ewigen Zeiten treue Begleiter, Freunde und Beschützer des Menschen und wen wundert es da, dass wir Menschen auch sprichwörtlich gesehen im wahrsten Sinne des Wortes „auf den Hund gekommen sind!".

Es verwundert allerdings, dass diese Sprichwörter fast ausschließlich negative Verhaltensweisen oder Lebensumstände beschreiben und der Hund deshalb sehr oft in einem schlechten Licht erscheint, obwohl er dem Menschen in all den langen Jahren immer gute Dienste erwiesen hat.

Da dieser Gedichtband allerdings kein sprachwissenschaftliches Werk ist, das sich mit der Semantik bestimmter Wörter und Redewendungen befassen muss, möchte ich auf meine Art und Weise anhand von zwei Gedichten einmal auf einige grundlegende positive Aspekte hinweisen, die unverständlicherweise leider nicht bedacht werden wenn man sich zwecks Beschreibung eines negativen gesundheitlichen oder finanziellen Zustandes des Begriffes „Hund" bedient.

Ein fauler Hund

Ein Hund der liegt mit Wonne
mittags in der warmen Sonne
der Mensch schaut neidisch zu ihm hin
und ihm kommt dabei in den Sinn
dort liegt bestimmt ein fauler Hund
doch dies ist völlig ohne Grund
denn im Vergleich zum Mensch der Pause
macht
das sei hier mal deutlich gesagt
gibt es halt im Hundeleben
zum Menschen Unterschiede eben.

Denn ein Mensch, der müde und satt
endlich seinen Schlaf gefunden hat
der lässt sich so leicht nicht wecken
doch der Hund der tut sofort erschrecken
wenn er etwas Ungewohntes hört
oder wenn ihn etwas stört
und der ist sofort hellwach
und kommt seinem Auftrag nach
nämlich „Hab und Gut" zu schützen
um als Hund etwas zu nützen
und er gibt sogar auf alles acht
wenn er ein Mittagsschläfchen macht
drum ist das Sprichwort, das hab ich erkannt
für Faulheit überhaupt nicht relevant!

Ich schlafe nicht....ich bewache!

Ein armer Hund sein!

Man hört sehr oft aus Menschenmund:
„Was bin ich für ein armer Hund!"
Und weil sich das halt so leicht sagt
wird es von mir mal hinterfragt.

Was ist denn nun ein armer Hund?
Ist das Einer der robust und gesund
der aber auf der Straße leben tut
bei Kälte und sommerlicher Hitzeglut
der aber in der Tat
jeden Tag etwas zum Fressen hat
und sei es auch nur aus Abfällen vor'm Haus
ein Hund, der macht das Beste draus.

Oder ist es an der Straßenecke
der Hund der dort auf einer Decke
brav bei seinem Herrchen liegt
und hofft dass der ein paar Almosen kriegt
weil alle beide obdachlos
doch da sag ich ihnen bloß
diese Hunde sind nicht arm
denn schaut man die mal näher an
merkt man, diese Hunde fühlen sich wohl
denn sie dürfen und das ist toll
mit anderen Hunden oder Menschen eben
gemeinsam in einem Rudel leben.

Oder ist es der Welpe unter'm Weihnachtsbaum
klein, kuschelig, ein lang ersehnter Traum,
aber so einem Hund, das denkt man zu Recht
dem geht es doch bestimmt nicht schlecht
doch allzu oft so ist das leider
weiß man bald dann nicht mehr weiter
und irgendwann ist es dann soweit
für Erziehung und Zuneigung bleibt keine Zeit
und bestenfalls, wie könnt's anders sein
kommt der Hund in's Tierheim rein
und zu so einem Hund ganz ohne Frage

kann man „armer Hund" dann sage.

Doch wir Menschen wir sagen sehr schnell
dass jemand der aus Gründen die materiell
in Schwierigkeiten geraten ist
deshalb ein „armer Hund" dann ist
doch dieses Gedicht das macht jetzt klar
dieser Vergleich der ist nicht wahr.

Ich benenne hier jetzt mal den Grund
denn den so genannten armen Hund
den gibt's im Hundeleben nur
bei Vereinsamung und Trauer pur
wenn der Hund in der Tat
kein intaktes Rudel mehr hat,
und ein Mensch, der ist ein armer Hund nur
dann
wenn er sich völlig allein fühlt irgendwann
drum sollte man, so tue ich das seh'n
mit diesem Sprichwort sehr sorgsam umgeh'n!

Abschied nehmen

Beim Kauf von einem jungen Hund
der quirlig ist und kerngesund
denken Viele natürlich nicht daran
dass sie eines Tages irgendwann
vom Hund mal Abschied nehmen müssen
denn der Mensch, der muss halt wissen
dass rein statistisch und das stimmt
eher der Mensch Abschied nimmt
von seinem treuen vierbeinigen Begleiter
und das stimmt traurig und nicht heiter
drum sollte man so tu ich das seh'n
Hundebesitzern auch eingesteh'n
dass man auch seinem Hund nachtrauern kann
aber danach irgendwann
kommt bestimmt, das wünsch ich heut'
wieder ein Hund der einen erfreut.

Bildquellennachweis:

©kirasoftware.com (Titelbild, S.3, 13, 25, 42, 46, 55, 74, 83)
©www.newgrafix.de (S.21, 35, 48, 65, 98, 116, Buchumschlag Rückseite)
©Bernd Wehrum (S. 28, 31, 53, 85, 93, 105, 113,)
©Egon Häbich / PIXELIO (S. 76)
©Stefan Bayer / PIXELIO (S. 87)
©Wolfi Korn www.cartoon-design.com (S.60)
©Jörg Schröder (S. 37, 41, 44, 81)
©Roger Schmidt www.karikatur-cartoon.de (S. 63
©Andre Przybilla (S. 89)